U0017836

# 讓這本書抱抱你

## A HUG IN A BOOK

Everyday Self-Care and
Comforting Rituals

每一天練習自我照顧，學會愛自己

My Self-Love Supply

著

聽思（林庭儀）

譯

獻給我的媽媽 Alessandra 和爸爸 Luca，

是你們的愛和鼓勵讓我走到這。

也獻給我最好的朋友 Cameron，

沒有你這一切不可能會發生。

# 譯者的話

在自我照顧的路上，我們都需要一本像《讓這本書抱抱你》的指南。生活的忙碌常讓人處在高壓環境中，而忽略與自我相處的重要性。過去的我，總覺得自我照顧這件事很抽象，要怎麼做才是真的有好好照顧自己？要怎樣生活才是愛自己的模樣呢？這些疑惑都在我翻譯的過程中，一一找到解答。

其實自我照顧並沒有想像中抽象與困難，作者清楚地將生活中的重要面向劃分出來，並針對各面向提出 5 分鐘、15 分鐘與 30 分鐘的行動引導，能快速幫我們在自我照顧上找到可執行的方向。

不管人生經歷到哪個階段，學習與自己相處所帶來的正面影響，都會持續影響著你。唯有與自己好好相處了，才能帶自己繼續朝著人生的旅途邁進。

讓我們成為自己人生的主人，讓這本書陪伴你好好充電。

## 譯者簡介

聽思（林庭儀）
透過日常的觀察與內容的傳遞，提供自我成長的自媒體創作者，在Instagram累積超過12萬名粉絲。
Instagram：https://www.instagram.com/tings.lab/

# contents

## 養成自我照顧的習慣

# PART 1

# 前言

歡迎你閱讀這本友善且實用的自我照顧行動指南！這本書可以成為讓你靜下心來的地方。它可幫助你發現新的方法來照顧自己，以及你如何開始建立一種優先考慮自己快樂和幸福的生活方式。

**這本書的宗旨**是為你提供許多自我照顧的想法和你可以實踐的活動，讓自我照顧變得輕鬆簡單。我們將透過三個章節：心理、身體和精神，教導並引導你進行各種自我照顧練習和活動。這些實用的建議都按照特定的自我照顧領域，以及完成該活動所需要的時間進行了分類。因此，無論你喜歡做什麼或有多少時間，都能從中找到一些可以嘗試的方法。

本書由 My Self-Love Supply 的創辦人 Sofia Pellaschiar 撰寫，體現了愛自己與正向的信念，靈感來自知名的 Instagram 帳號 **@myselflovesupply**。

# 什麼是
# 自我照顧？

任何可以改善你的心理、情緒或身體健康的行動，
都可以被視為自我照顧。你可以將它視為有利於你
的健康、快樂和幸福的所有行動和決定。

在本書中，自我照顧的實踐分為三個重點領域：

🤍 **心理：** 透過保持條理、目標設定、寫日記和正
念，來照顧自己的心。

🤍 **身體：** 透過運動、身體照護、休息和娛樂，來
照顧自己的身體。

🤍 **精神：** 透過自我對話、設定界限和與人連結，
來傾聽與關注你的情緒和感受，照顧你的精神
健康。

你可能聽說過自我照顧這個概念，並以為這與在物質和消費上善待自己有關。然而，自我照顧真實的意義卻不是如此。自我照顧並不是奢侈或放縱，而是你關注自己的需求，藉此來提高你的快樂、幸福和心理健康。這是有關照顧你的心理、身體和精神，方法是在日常生活裡實踐小而簡單的習慣來提高你的幸福感。

重要的是，自我照顧可能是非常主觀而且個人的，因此每個人的方式看起來都不太一樣。沒有人比你更了解你自己，只有你才能真正發現什麼能帶給你快樂、什麼能改善你的幸福。一個能讓別人平靜下來的方式，你可能會覺得無聊或沒有用，所以請記住，在這趟自我照顧的旅程裡，**你**才是專家。雖然現在有很多有關自我照顧的想法和趨勢，但不要覺得只要去遵照這些流行的建議就好，而是要嘗試各種方法來找到最適合你自己的！

# 自我照顧
# 對你有什麼好處？

當生活變得忙碌、事情變得有壓力的時候，我們很容易把自己放在最後順位。有時候你很難確定自我需求的優先次序，但這完全沒有關係。因為無論你處在生活的哪個階段，照顧自己都不應該是一種奢侈或事後才想到的事情——甚至覺得這麼做會有罪惡感。

自我照顧是一種可執行、實用、務實的生活模式選擇，能改善你的日常生活品質。嘗試關注幸福的各個面向是非常重要的，很多主流的「健康生活」都集中在健身和飲食健康上，這當然也很重要，但同樣重要的是你的心理健康和情緒健康。自我照顧既可以作為預防措施，也可以作為干預措施，用來支持你整體的幸福。本書將鼓勵你探索不同的自我照顧方法，並透過簡單的方式指引你將其融入到你的日常生活中。

**開始你的自我照顧之旅有這些好處：**

♥ 可以讓你更加了解自己，並將你自己和你的需求連結起來。

♥ 在困難的時候，可以幫助你保護你的心理健康。

♥ 為你提供一種有益身心的方式，來優先考慮自己的健康和幸福。

♥ 當你越願意這麼做時，可以幫助你與其他人建立更好的關係。

## 自我照顧之旅：應該做和不應該做的事

| 應該做的事 | 不應該做的事 |
| --- | --- |
| ● 保持彈性，隨時準備改變和調整你的計畫。<br><br>● 安排空白的時間。有時候什麼都不做，可能是你能做的最有生產力的事情。<br><br>● 持續改變你的日常生活，並嘗試一些新的自我照顧方法。 | ● 不要讓你的自我照顧計畫太忙或過度勞累，讓它保持簡單！<br><br>● 不要強迫自己享受自我照顧的時間。如果你不喜歡它，就去改變直到你喜歡它。自我照顧不應該是一件讓你感到乏味的事情。<br><br>● 如果你疏忽要自我照顧，不要對自己太過嚴苛，你可以等你準備好後盡快回到正軌。 |

照顧你自己，
不應該成為
一種奢侈，
或是晚點再做
的想法。

# PART 2

# 心理

本章聚焦於心理上的幸福，我們稱為心理的自我照顧。心理的自我照顧目標是為你的大腦提供促進刺激、放鬆和恢復力的活動。透過有意識地進行這些自我照顧練習，可以支持你的心理健康並激發出個人成長，心理的自我照顧鼓勵你發展你的心智，幫助你放鬆，以及培養可運用在日常生活中的心理技能。

在這一章，我們將探討的心理自我照顧包括：

▼   保持條理

▼   寫日記

▼   正念

▼   目標設定

# 保持條理

有秩序與簡單，對你的大腦有益。因為當分散注意力的事物越少時，你要做的決定也就越少，這有助於讓你的大腦更加清晰和專注。這種更加澄澈的心態，會帶來許多正向的影響：你的工作效率會提高、你可能會覺得壓力減輕了，以及增加你對事情的掌控感。在忙碌的一天裡，保持有條理且有秩序，是很容易被忽視或遺忘的事情，但這是可以理解的，因為當你必須將時間和精力花在一些重要工作上時，可能很難保持井然有序。保持有條理的生活方式，其中的關鍵是培養能幫助你管理和控制日常生活與責任的良好習慣。這可幫助你將有條有理融入到生活中，而不會花費太多精力。有很多不同的方式可以做到這點，但無論你選擇什麼樣的方式，始終都應該以改善生活秩序和創造簡單生活為目標。

# 讓工作空間有條理

你只需要五分鐘就可以快速整理你的工作空間,這可提高生產力與改善工作流程,為你帶來難以置信的好處。一個乾淨整潔且能給予你幫助的空間,有助於使你的頭腦清晰,讓你感到更加放鬆,並專注在你希望完成的事情上。在工作空間中所堆積的雜物,會讓你陷入煩雜分心的狀態,你周圍的東西越多,在心理上你就會越遠離你原本的任務。你也能透過其他方法來打造更棒的工作環境,可以持續留意可能有助於你提高工作效率和專注力的新方法和新事物。

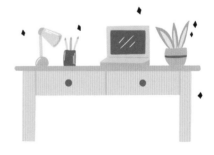

# 整理工作空間的小技巧

**保持桌面乾淨：** 把所有非必要的東西從桌上移走，沒有什麼比空的桌面更能讓思路清晰。

**設置一個白板：** 在一個可以清楚看見的地方架設寫字白板，可用來持續追蹤即將到來的事件、待辦事項與專案。

**保留一些裝飾：** 有些物品能營造溫暖和積極的感覺，不要害怕用一些裝飾品來打造專屬你風格的空間。

**調整空間照明：** 適當的照明可以減輕眼睛的負擔。你可以充分利用自然光，並考慮在你的工作空間加上額外的燈。

**養成整理習慣：** 在一天結束前，花五分鐘的時間清理不再需要的東西，並問問自己「我明天早上會需要些什麼？」

# 整理你的數位空間

我們在上一篇討論了實體工作空間，但事實上雜亂無章的數位空間也會導致混亂的心理。數位空間包括電子設備上的所有應用程式、社交媒體和儲存空間。如果你想在數位空間裡度過愉快的時間，就必須了解要如何有系統地組織它。整理你的數位空間意味著確保你想要使用的內容都能輕易找到，並將你不再使用的東西儲存、刪除、取消訂閱或取消追蹤。幫自己設定十五分鐘的倒數計時，如果你的數位空間超載，很容易在行動中迷失方向！

## 如何整理數位空間

**整理應用程式：**刪除所有你不再使用的應用程式，以便你可以輕鬆找到並隨時使用需要的應用程式。

**簡化你的收件匣：**取消訂閱所有不需要的電子報，並標記你未來可能會重複看的電子郵件。

**整理你的數位桌面：**創建資料夾，讓你能輕鬆找到你所需的文件和檔案項目。

**選擇你的通知：**這些通知可能會高度擾亂你的注意力，因此選擇只接收對你來說最重要的事情，其餘不重要的事情可以晚點處理。

**重整你的社交媒體：**取消關注不會給你帶來啟發、成長、快樂或知識的帳號。特別注意那些會產生負面情緒或讓你覺得自己很糟的帳號，這些帳號無法提升你的幸福，不應該在你自我照顧導向的數位空間裡占一席之地。

# 物品該有一個被留下的原因

在打掃或整理你的家時,請注意你的每件物品都應該為你的生活帶來某種形式的價值。一件物品可以透過多種方式提供價值:你可能會用到它、它可能有裝飾的效果,或者它可能讓你有正向的感受。任何無法帶來價值的東西,最好全部從你的空間中取出。花半個小時清理家裡的雜物和占據空間的物品,將使你的生活空間變得更加輕鬆和簡單。這還能為你帶來額外的好處,即減少打掃的次數,也更容易找到東西,並提供更多空間讓你將喜歡的東西帶回家。

# 應該扔掉這東西嗎？

在過去的三個月裡
我有使用過它嗎？

*yes*

*no*

我是否有特殊理由
需要保留它？

*yes*

*no*

它能帶給我正向的感受、
情緒或回憶嗎？

*yes*

*no*

如果我不再擁有它，對我的
生活會有負面影響嗎？

*yes*

*no*

保留它！

丟掉它、捐贈它、賣掉
它或重新利用它！

# 寫日記

寫日記是一種自我照顧的做法，它可以讓你表達自己而不必害怕任何評判。你的日記是讓你能感到安全的空間，你可以自在分享你所有的想法、感受和情緒，隨著紙上的墨水，把它們從你心裡的避難所中釋放出來。決定要在日記上寫些什麼，以及如何堅持寫下去，有時的確會讓人感到困惑。事實上，日記有多種形式，幾乎可以用於自我照顧的所有領域。也許你這樣做是為了透過反思感受和情緒，來照顧自己的情緒健康；或者你可以藉由寫下你的想法和思考你的一天，將日記作為關注心理健康的一種方式。

# 大腦轉儲（brain dump）

大腦轉儲是一種寫日記的技巧，做法是將你的所有想法和感受，都寫在一張空白紙上。這聽起來似乎有點太簡單了，但這樣做能幫助你創造一種釋放感，驅散你腦中所有紛雜和混亂的思緒，讓它能呼吸。這是一個很棒的五分鐘練習，適合在一天的開始或結束，或當你開始感到不知所措時進行。請不要去評判你直覺寫下來的東西，因為這只是一個讓思緒流動的練習而已。

## 大腦轉儲的步驟

♥ 拿起你的日記本和筆。

♥ 設置一個計時器來紀錄你寫了多久。可先從兩分鐘開始，然後隨著你越寫越上手而增加時間。

♥ 從一個簡單的句子開始，也許是一天當中某個普通的想法。

♥ 想到什麼就寫什麼，你不需要說故事也不需要講道理，就讓腦中的隨機想法來引導你寫些什麼。

♥ 盡量不要讓筆離開紙。這能促使你的想法有更好的流動，而這正是你需要的。

♥ 在大腦轉儲結束時，花點時間看看自己寫了什麼，並反思你想到了些什麼。

# 每日回顧

以每日回顧來寫日記的方式,與寫個人日記類似。這是讓你能開始寫日記的絕佳方法,你可以在任何晚上例行活動中增加這項簡單的練習,只需占用你十五分鐘的時間。這個技巧與寫個人日記的不同之處在於,你不僅可以描述一天中重要的事件,還可以反思自己在這些時間裡所經歷的感受和情緒。花點時間思考不同情況會如何影響你,這有助於讓你更了解自己,以及你為什麼會有這樣的感覺。這種自我意識練習可用來增強心理韌性,幫助你在類似的情況和感受再次出現時做好準備,進而知道如何以基於自我照顧的方式做出回應。

## 如何做每日回顧

在晚上時，坐下來回想一下這一天發生了什麼，並寫下你經歷到的事情。你要寫多少、寫什麼、怎麼呈現，完全取決於你自己。剛開始練習時，你可以寫下你一早的感受。

## 你可以在回顧中提到的事情

- 你遇到的人。

- 你有過的談話。

- 對你產生負面影響的事情。

- 讓你微笑的事情。

- 你做不同嘗試的事情。

- 你做得很好的事情。

- 引起你注意的事情。

- 世界上的新事物或消息。

# 剪貼簿

剪貼簿是保存美好回憶，並讓你的日記栩栩如生的最佳方式之一。它類似於書面日記，但主要的內容是照片和紀念品。這些照片可以隨你的喜好附上或多或少的文字，說明每張照片的背景和想法。你可以在半小時內更新你想添加上去的內容。你選擇放上去的內容，會影響整本剪貼簿呈現出的氛圍。或許你可以只展示你的生活亮點或能激發正向情緒的照片。當你想重溫快樂的回憶並提振心情時，那麼擁有一本充滿正能量的剪貼簿，就是回顧過去的最佳選擇。

## 重要訣竅

將你的剪貼簿視為說故事的工具，讓它成為你的創意發想空間。

不要局限於照片，也可以貼電影、音樂會或景點的門票等有紀念價值的物品。

選擇能激發情感的物品。在你寫下文字紀錄時，提及這段記憶帶給你的感受。

在設計中發揮創意，用不同的形狀和顏色標示出最重要的東西。

# 正念

正念就是全神貫注於當下。這是關於意識到你周圍的事物——噪音、活動、新鮮空氣——你所有的感官都協調一致的運作，感受當下的環境。這看起來很簡單，但是你有多常完全處於正念狀態呢？戴著耳機走路或陷入腦海中的一些瑣碎想法，並不是正念，真正的正念是花時間去聆聽，讓周圍環境對你說話。正念是一種自我照顧的技能，需要一些練習才能熟練掌握，一旦你熟悉了這個概念，好處便會隨之而來。將精神和情感能量集中在你周圍的事物上，可以讓你從忙碌的生活中獲得短暫的休息，並專注於當下。這有助於減輕你正在經歷的任何壓力或焦慮。

# 正念冥想

正念冥想是一種放慢思緒與控制注意力的練習，讓你放鬆進入到平靜狀態。正念冥想練習的時長實際上沒有時間限制，但大多數人發現只要做五分鐘就能帶來很大的好處。這是讓大腦休息的絕佳工具，並鼓勵你將注意力從忙碌的思緒轉移到當下。

有幾種不同的方法可以進行這種練習，但最常見的方法是靜止不動和深呼吸。

# 如何開始正念冥想

找一個不會有其他人打擾你的時間。

將自己放在舒適的位置，並確保你的姿勢良好。

放鬆肌肉，慢慢深呼吸。專注於每一次吸氣和每一次吐氣。

這個練習的目的是控制你的思緒，把注意力集中在當下。如果一個想法突然出現在腦海中，請觀察它並讓它流走，將思緒回到當下。

當你覺得差不多了，慢慢張開眼睛。當你感受到周圍的聲音、顏色和氣味時，可以平靜地伸展身體。留意一下冥想後你有什麼感覺。

# 創造一個正念的環境

一項你可以學習和嘗試的實用自我照顧方式,是創造一個正念的環境。改變你所在的空間來反映出和平與平靜的氣氛。你可以透過許多方式來改變你的環境,這取決於什麼最能讓你放鬆,而且不需要花太多時間。你可以從視覺上做到這一點,在牆壁貼上能帶給你正向情緒的圖片。另一種方式是調整燈光來改變房間氛圍,你也可以讓自然光透進來,營造一種清醒和充滿活力的氛圍;或者在很暗的房間裡只開一盞燈,營造出放鬆的感覺。你也可以用香氛蠟燭或植物營造舒適的氛圍,它們會讓你周圍的空氣更清新,使空間呈現出你想要的感覺。

## 簡單快速改變房間氣氛的方式

### 外觀

▼ 用能提升心情的圖片裝飾牆壁。

▼ 使用具有放鬆效果的顏色。

▼ 盡量保持乾淨和整潔。

### 氣氛

▼ 點香氛蠟燭。

▼ 添加一些植物或花束。

▼ 打開窗戶，讓新鮮空氣進來。

### 舒適

▼ 確保你坐著或躺著的地方是舒服的。

▼ 盡可能使用柔軟且溫暖的材質。

▼ 調整家具的位置，盡可能留出多一點空間。

# 擁抱大自然

花時間沉浸在大自然裡，對心理、身體和精神都非常有益，因為這可以降低壓力，並讓你感覺與當下更加連結。試著規劃半個小時的時間，讓自己沉浸在家裡附近有樹木、小動物、花草與風景的自然環境中。做這個練習並不會太複雜，接觸大自然可以只是在附近的樹林、公園或海灘散步。嘗試將你的感官與周圍的大自然連結起來，像是打赤腳輕踩草地、在新鮮空氣中進行正念呼吸。陽光也可以帶來許多好處，像是促進維生素 D 的產生。千萬不要將自己限制在三十分鐘內，但如果你只能抽出三十分鐘的時間，這也已足夠讓你感受到其中的好處。

# 享受大自然的十種方式

去附近的公園走走。

去最近的海灘享受日光浴。

去野餐。

走一條你從未走過的小路。

為你居住的空間購買植物。

打造屬於自己的花園。

盡可能尋找身邊出現的野花。

沿著海岸或河堤散步。

拍攝野生生物或自然景觀的照片。

造訪離你最近的自然觀光景點。

# 設定目標

目標是你希望實現的結果，這可以是一件大事，例如學習新語言，或比較簡單的事情，例如度過一個高生產力的早晨。無論你花了多長時間，或是它有多複雜，所有目標都值得慶祝。實現目標並不總是那麼容易，但制定計畫能為你增加實現的機會。其中一個方式就是設定目標，此策略涉及將你的大目標劃分為更小、更易於管理的任務和檢查點，使你更容易朝著實現目標的道路邁進。設定目標對於自我發展來說很重要，因為它可以讓你清楚了解自己想要實現的事情，並為你提供實現目標所需要的動力和方向。如果沒有適當的目標或計畫，就不容易看到長期的願景。

# 待辦事項清單

待辦事項清單可以簡單地加入你早上的例行工作中，這會帶來很大的影響。簡單來說，它列出了你希望這一整天要完成的所有事情。每當你完成一項任務時，就可以打勾或是劃掉它。這個小小的清單是很強大的工具，因為它可以幫助你視覺化你的進度。花五分鐘寫一個清單，不僅可以讓你清楚了解如何安排你的一天，還可以幫助你更好地管理時間。

待辦事項清單的最大好處是它具有激勵作用。完成一項任務所帶來的滿足感和成就感，有助於鼓勵你開始下一步的任務，進而大大提高你的工作效率！

## 待辦事項清單小撇步

每天三到六項任務是可管理和可實現的——清單不必太長，任務也不必很大。

將最關鍵的任務放在最優先的順序，試著在一天中盡早把它解決掉！

試著在開始新的一天之前，寫下或查看你的待辦事項清單。

把完成任務當成一件大事；用綠色的筆打勾，或者把它劃掉。利用這樣的動力來完成你的清單吧。

# 寫封信給未來的自己

給未來的自己寫一封信的練習，可以讓你花一些時間反思你對未來的看法，以及你希望自己在一年、五年甚至是二十年之後，會成為什麼樣子。這個過程可以幫助你發展實現目標的想法，並讓你開始想像通往你渴望的未來的旅程。寫一封信還意味著你可以將它保存起來，以供未來參考。你可以把它放在身邊當作提醒，或者把它放在安全的地方，並在未來某一天打開它。反思你所取得的成就、發生的變化，以及你的夢想是如何隨時間改變的，應該會很有趣。但請記住，某些事情可能沒有像你所想的那樣成功，並不意味這是一個糟糕的結果。

## 如何寫信給未來的自己

**腦力激盪：**盡情發揮你的想像力，快速寫下一些目標、願景、希望和夢想。列出任何你想到的內容。

**視覺化：**想像一下未來幾年的自己（時間長度由你決定）。你看到了什麼？

**寫下來：**告訴未來的自己，你有什麼目標，以及你計畫如何實現這些目標。可以提到你的擔憂、抱負、動機和當前的生活狀況。

# 願景板

願景板是一組圖像,呈現出你希望實現的目標或你想追尋的生活。這是一個強大的工具,可以幫助你與目標連結,為你提供靈感和動力。給自己半小時的時間來做這個練習,專注於對自己來說最重要的事情,以及思考如何以最好的方式展現它。請注意,只去選擇那些能提醒你目標、能帶給你啟發、能讓你百看不厭,或是能激勵你度過艱難時刻的圖像。其目的是幫助你看清並專注於實現目標。重要的是,將願景板放在平常隨處可見的地方,如此你就能經常看到它,像是放在臥室牆壁或手機鎖定螢幕上。這麼做可讓你將夢想始終放在心裡,激勵你每天做出一些能讓你離最終目標更近一步的小選擇。

## 願景板的靈感

- 你想去旅行的地方。

- 你想要的人際關係。

- 房子和家庭生活。

- 職涯和財務目標。

- 工作抱負。

- 個人成長（例如興趣或教育）。

- 健康目標。

- 任何其他的個人抱負。

# 心理自我照顧
# 檢核表

| 自我照顧 | 活動 | 你是否<br>嘗試過？ | 你做得如何？<br>（0-10分） |
|---|---|---|---|
| | 讓工作空間有條理 | | |
| 保持條理 | 整理你的數位空間 | | |
| | 物品該有一個<br>被留下的原因 | | |
| | 大腦轉儲 | | |
| 寫日記 | 每日回顧 | | |
| | 剪貼簿 | | |

| 自我照顧 | 活動 | 你是否<br>嘗試過？ | 你做得如何？<br>（0-10分） |
|---|---|---|---|
| | 正念冥想 | | |
| 正念 | 創造正念的環境 | | |
| | 擁抱大自然 | | |
| | 待辦事項清單 | | |
| 設定目標 | 寫封信給未來的自己 | | |
| | 願景板 | | |

PART 3

# 身體

本章的主題是關注你的身體，也就是身體的自我照顧。身體的自我照顧對你整體幸福的各個方面都有廣泛的影響，從你的情緒和能量水平，到你的身心連結。良好的身體健康並不意味每天都要跑馬拉松和吃得很乾淨，而是要平衡做出能對身體健康產生正向影響的生活方式選擇。透過對日常慣例做出微小而持續的改變，可以取得驚人的進步，進而形成一種平衡而愉快的身體自我照顧方法。

在這一章，我們將探討的身體自我照顧包括：

♥　運動

♥　身體照護

♥　休息

♥　娛樂消遣

# 運動

運動就是移動你的身體；沒有特定的方式或強度，唯一重要的是每天都要有足夠的運動。你要選擇什麼運動，很大程度上取決於你的生活方式、能力和你喜歡什麼，而這完全沒問題。每個人都能找到適合自己的運動。讓運動變得快樂也很重要——可以只做你喜歡的活動，也可以在不同的風景、歡快的音樂下進行，或是找同伴陪你一起。這麼做所帶來的益處是無窮無盡的。

# 快速伸展運動

即使是快速的五分鐘伸展運動（包括瑜伽、皮拉提斯等），也能給你帶來驚人的好處。特別是在長時間保持固定姿勢之後，例如在工作中或剛起床時，溫和的伸展運動可以讓你放鬆並為你的身體注入活力。伸展不僅可以提高你的柔軟度、保持身體活動能力，而且還可以釋放全身的緊繃感。

### 三種簡單的伸展

♥ 雙腳併攏站立，雙手在空中。伸直雙臂，慢慢往下伸，嘗試觸碰腳趾。你可能無法碰到，只要在舒適的範圍內盡量伸展即可。保持這個姿勢二十秒，然後慢慢站直。

♥ 站在敞開的門中間。將雙臂伸過門框的兩側，身體輕輕向前傾，用前臂支撐你的體重。你應該可以感覺到胸部和肩膀有深度伸展。

♥ 雙腳與肩同寬，往下深蹲。在舒適的範圍內保持蹲姿。如果你需要抓住東西來維持這個姿勢也沒問題。

# 運動心態

難以實現日常運動目標最常見的原因之一是沒有時間。的確這是一個問題，很多人都在努力解決這個情況。但請記住，想要保持活躍並不總是需要花一個小時在健身房裡，有時候只需要十五分鐘的時間，每天只要達到你所需要的運動量就好。簡單的解決方案是改變你對運動的心態，以及你做家務的方式。我們的目標是盡可能優先考慮運動，並尋找可以移動身體的機會，像是離開桌椅、走去裝水，都能讓身體得到一些活動。起床後，不妨持續走動，做幾件家務然後再坐下。智慧手錶也是很好的輔助工具，可以追蹤你的步數，你可以設定每日運動目標並去實現它。

## 運動心態轉換

| | | |
|---|---|---|
| 開車 | ─────→ | 騎自行車 |
| 搭公車 | ─────→ | 走路 |
| 坐在書桌前 | ─────→ | 站在書桌前 |
| 搭電梯 | ─────→ | 走樓梯 |
| 普通手錶 | ─────→ | 智慧手錶 |
| 上網購物 | ─────→ | 店內購物 |
| 車停在目的地附近 | ─────→ | 把車停遠一點 |

# 讓自己流汗

不同的運動適合不同的人。如果你想讓運動成為你生活的一部分，你需要讓這項習慣變成愉快的事情。話雖如此，偶爾運動也應該成為你生活的一部分，因為它會對你的身心健康產生驚人的正向影響。對於某些人來說，困難且快速的健身課程會讓他們感到精力充沛，但對其他人來說則相反。所以只需要做適合你的事就好。根據寬鬆的經驗法則，如果你的運動能讓你有點熱甚至出汗，那麼你可能就正在以良好的運動強度獲得許多健康的效益。

## 你可能會覺得有趣的活動

♥ 健行

♥ 戶外騎自行車

♥ 游泳

♥ 社交類型的運動

♥ 你的戶外愛好

♥ 動物觀察

♥ 在家訓練

♥ 健身課程

♥ 跳舞

# 身體照護

身體照護包括你吃進的東西（食物和飲料）、你的身體健康和個人衛生。身體照護可能是你目前在生活中最關注的健康領域，因為它是人類很重要的一部分。儘管你已經很關心身體健康，但還是可以有進步的空間。健康生活最重要的原則是平衡性與一致性。當你有了這個概念，就可以獲得正向的成果，同時允許自己有選擇的自由。如果需要對生活方式進行大幅度的改變（確實有時需要這樣），最好是慢慢將這些改變逐漸新增到你的生活裡，這樣可以幫助你適應並且保持一致性。請記住，當你不小心失誤時，永遠不要對自己太過嚴苛──進步是動態調整的旅程。相信自己向前邁出的一小步和你的決心，會在未來改善你的健康。

# 攝取水分

水對身體的每一項功能都至關重要，你每天都需要它來達到最佳的狀態和表現。考量到這一點，你有沒有關注自己喝的水量足夠嗎？飲用適當水量的關鍵是一整天經常喝水，這樣你就不會感到口渴。請為自己設定一個每日飲水目標，如果感覺太多或太少，那麼你可以在第二天進行調整。讓這件事對你來說盡可能簡單，這樣你就可以每天養成習慣。

### 使喝水更容易的簡單技巧

💗 準備一個大水瓶，早上裝滿，然後用一整天的時間喝完。

💗 早上第一件事就是喝一大杯水，開始新的一天。

💗 用檸檬或果汁幫水增加味道，這樣喝起來更吸引人。

💗 在寒冷的冬季，可考慮用花草茶或洋甘菊茶來補充水分。

💗 避免在晚上喝大量的水，因為這可能會影響睡眠。

# 檢查健康狀況

身體照護還包括了解你身體的健康狀況,並在治療方面積極主動。你可能會遇到意想不到的健康問題,這並不少見,有時這些問題需要醫療幫助才能好轉。你最能為自己做的事情就是檢查你的身體,這可幫助你意識到可能存在的問題,並盡快尋求專家協助。你的健康不是醫療專業人員的負擔,所以不要因為尋求建議或將自己的健康放在優先順位而感到內疚。

## 檢查健康狀況的方法

♥ 與你的醫生預約例行檢查。

♥ 如果你有心理健康的問題，請盡快尋求協助。

♥ 注意乳房的變化。

♥ 在日記中寫下你可能遇到的任何健康變化或症狀，並追蹤它們。

♥ 讓專業人士回答你的問題，他們隨時可為你提供幫助。

# 準備餐食

找到空閒的時間來做可以提升健康的事情，這可能是一個挑戰，尤其是在繁忙的工作生活中。利用生活方式的小改變，例如提前準備好餐食，你就能以自己想要的方式運用你的時間和精力。準備餐食意味著提前做好飯，以便在你需要時就能吃。有些人喜歡在週末空閒時一次烹飪大量的備餐，但並不是每個人都喜歡待在廚房裡那麼久。不過你可以在短短三十分鐘，準備一份備餐，甚至可以多煮一些，把他們分成幾份存放在冰箱中，以備一週之用，這樣可為你節省許多時間，並在忙碌的晚上省去做飯的麻煩。你也可以把這些飯菜冷凍起來，當你沒有時間或精力做任何東西時就可以拿出來吃。其他準備餐食既快速又簡便的方法，就是在前一天晚上準備隔天午餐，或者多做一份晚餐以備隔天上班食用。

## 如何準備餐食

♥  計畫你要製作的餐點並購買食材。

♥  在週末安排一些烹飪時間。

♥  每道菜都多煮一些。

♥  將食物分裝在保鮮容器中,冷凍起來。

♥  隨時享用你自製的「即食餐」!

# 休息

休息與睡眠、放鬆和恢復有關──這三種自我照顧
以各自的方式支持著你的健康。充分休息的價值常
常被忽視,我們常優先考慮的是好好利用一天中醒
著的每一秒。但你的身體不是機器,不應該像對待
機器一樣對待它。經過長時間或高強度的工作後,
身心通常會感到疲憊和筋疲力盡。當這種情況發生
時,生產力、動力和能量都會開始下降。請務必記
住,過度勞累不利於健康,通常會導致壓力和情緒
低落,因此請休息一下,即使五分鐘也足以讓你按
下重整鍵。從一天的忙碌中解脫一下,可以讓你重
新充電,這有助於保護你長期的心理健康和幸福。
有時暫時什麼都不做,可能是你能做的最有生產力
的事情,所以永遠不要因為自己急需休息而感到內
疚。

# 放鬆感官

你可能會遇到的一種常見疲勞類型是感官超負荷。你的感官被太多訊息淹沒，像是不同的聲音和景象。你經歷這種情況的典型地點可能是在市中心、新環境、遊樂園和機場，甚至你可能因為長時間看手機而產生感官疲勞。每隔一段時間花幾分鐘放鬆你的感官，並讓大腦休息一下，是有益處的。這可以透過進入安靜的環境，或關閉電子產品一段時間來實現。一個可以立即放鬆所有感官的好習慣，是進行簡單的呼吸練習。

## 呼吸練習指南

💜 找一個安靜的地方，讓自己保持舒服的姿勢。放鬆你所有的肌肉。

💜 閉上眼睛，用鼻子深吸一口氣。讓你的腹部充滿空氣。

💜 鼻子輕輕吐氣。

💜 一隻手放在肚子上。吸氣時，感覺腹部隆起。

💜 屏住呼吸片刻，慢慢吐氣，感覺腹部凹陷。

💜 重複這個過程，直到大腦得到休息和感覺更加平靜。

# 自我恢復時間

有些日子令人筋疲力盡，到了夜晚身心都還在工作，這有時會讓人覺得受不了。為了幫助你解決這個問題，請考慮在你的一天中安排一段充電時間。有些人通常會透過小睡一下來恢復，但小睡並不適合所有人，還有其他方法能讓你的身心得到休息。你可以參加一些放鬆的活動或不那麼耗費體力的活動，甚至出去走走、呼吸新鮮空氣，這可能正是你疲累的一天結束後所需要的。在工作日或忙碌的家庭生活中，要找到一段空閒時間可能有點難度，但抽出十五分鐘來放慢一天的節奏，對於保持最佳狀態是很重要的！

# 慢下來與充電的方法

## 慢下來

♥ 避免多工模式。

♥ 放下科技產品休息一下。

♥ 做一些不那麼具有挑戰性的事情。

## 充電

♥ 小睡一會兒（power nap）。

♥ 喝杯咖啡休息一下。

♥ 邊聽音樂邊散步。

# 晚上放鬆

晚上的最後幾個小時，應該是放鬆身心並為睡個好覺做準備的時間，這段時間若有過多的精神刺激或造成壓力的想法，可能會對睡眠品質造成負面影響。如果你隔天將會很忙，請注意到這一點並嘗試相應安排你的時間，讓自己在半小時後放鬆身心，為接下來的夜晚做準備。最好在一天開始時安排較難的任務，晚上則安排較容易的任務。即使是一點點的放鬆，也有助於清除你腦中關於明天的無益想法和擔憂——它們只會剝奪你急需的休息。

| 晚上要嘗試的事情 | 晚上要避免的事情 |
|---|---|
| ● 薰衣草香氛<br><br>● 閱讀一本書<br><br>● 坐在柔和昏暗的燈光下 | ● 需要動腦的練習或工作<br><br>● 高能量食物（如含糖食物和咖啡）<br><br>● 過多看螢幕的時間 |

# 娛樂消遣

每個人都可以有不同形式的娛樂消遣，這是指單純為了樂趣、享受或滿足而進行的活動。在你的日常生活中，總是被各種責任羈絆著，充分運用你能找到的任何自由時間，會帶來好處。在一天中的這段時間進行消遣，是個完美的解決方案，這會對你的健康產生巨大的正向影響，並讓空閒的時間為你帶來意義。探索不同的事物，是激發新興趣、嗜好和熱情的最佳方式。世界充滿機會和可能，但我們很容易錯過眼前的一切。你下一次的娛樂消遣，可能就在眼前或在你點擊一個網站時。這個部分旨在鼓勵你嘗試新的事物，並利用空閒時間做你喜歡的事情。

# 計畫一些有趣的時間

利用休息日或晚上的空閒時間與家人交流一下，或者制定計畫去新的地方或做一些有趣的事情，這樣做對健康有無窮無盡的益處，例如建立關係、運動鍛鍊、冒險和恢復活力（僅舉幾例）。這個過程的部分樂趣在於做計畫，就像規劃假期一樣，探索你的選擇並敞開心扉接受新的可能性，會讓人興奮不已。試著為自己設定每個月參加兩到三次有趣的週末活動的目標，並確保每次都能認識新的人、去不同的地方和有新的體驗！

## 花五分鐘計畫有趣週末的點子

♥   到大自然中健行。

♥   去野餐。

♥   來趟公路旅行。

♥   發現並探索一個迷宮。

♥   參觀一個歷史遺址。

♥   找個地方去露營或投宿。

♥   在海灘度過一天。

♥   參加有趣的社區活動。

# 重新找回過去的熱情

在你不同的人生階段中，發生改變是很正常的。你的生活方式會改變，你的心態會改變，你的興趣也會改變。在過去的時光裡，你對某件事所擁有的熱情，通常會被遺忘並被當作記憶塵封起來。擁有能夠激發你熱情的事情，對你的幸福來說很重要，它為你提供了一個庇護所，讓你能暫時逃離日常生活中煩人的瑣事，沉浸在幸福的時光中。因此，空出十五分鐘的時間，重新連結你曾經喜歡做的事情，是一個跟過去的自己打招呼的好方法，這也有可能讓你重新找回過去的熱情。

這個世界充滿著
各種可能和機會。

### 重新找回過去熱情的建議

♥ 報名參加你以前喜歡的課程、團體或活動。這有助於你重新認識它，並讓你有機會和志同道合的人建立聯繫。

♥ 不要強迫自己喜歡某件事。如果你不再從過去喜歡的事物中獲得樂趣，那也沒有關係。

♥ 試著以不同的方式參與。你可能不再擁有過去的能力，但這並不會阻礙你，總會有其他能讓你參與的機會，例如去參加培訓、去上課或去觀看演出。

# 學習新技能

學習一項新的技能，無論多麼複雜或實用，都是促進自我發展的絕佳方式。它可以是一個古怪的派對把戲、一項新技術，或是一個你一直想嘗試但從未有時間去實現的願望。重點是，你想嘗試什麼並不重要，因為這過程都是相同的。當你是一個初學者時，學習新技能可能令人生畏，但你可能也會驚訝於，每週只有幾次三十分鐘的練習就能有快速的進步。這段旅程也能讓你培養一些個人特質，例如耐心、韌性和自信。你可能還會發現，旅程並不會隨著你學習到新技能後就停止，也許它會引領你學習更多技能，甚至為你打開新的機會大門。絕對不要低估自我成長的價值，因為你永遠不知道自己會成長多少，也不知道它會帶你走上怎樣的旅程。

## 關於新技能的一些想法

♥ 學畫畫。

♥ 從新語言中學習一些常用短句。

♥ 參加攝影課。

♥ 掌握一些基本的自我防衛能力。

♥ 學習一些呼吸技巧。

♥ 了解如何創業。

♥ 學習一種樂器。

♥ 掌握非常基本的汽車維修知識。

# 身體自我照顧
# 檢核表

| 自我照顧 | 活動 | 你是否嘗試過？ | 你做得如何？（0-10分） |
|---|---|---|---|
| 運動 | 快速伸展運動 | | |
| | 運動心態 | | |
| | 讓自己流汗 | | |
| 身體保健 | 攝取水分 | | |
| | 檢查健康狀況 | | |
| | 準備餐食 | | |

| 自我照顧 | 活動 | 你是否<br>嘗試過？ | 你做得如何？<br>（0-10分） |
| --- | --- | --- | --- |
| 休息 | 放鬆感官 | | |
| | 自我恢復時間 | | |
| | 晚上放鬆 | | |
| 娛樂消遣 | 計畫一些有趣的時間 | | |
| | 重新找回過去的熱情 | | |
| | 學習新技能 | | |

# PART 4

# 精神

本章主要關注在精神的部分，這與傾聽和關心你的
情緒和感受有關。與精神相關的自我照顧，我們稱
為情緒健康，可以透過改變你的心態和理解你的情
緒來練習。這涉及關注和尊重你的情緒狀態。經由
調整心態、建立與自己和他人的情感連結，可幫助
你將對周圍世界的看法和感受，轉變為更有益處的
觀點。

在這一章，我們將探討的精神自我照顧包括：

♥　界限

♥　感恩

♥　自我對話

♥　連結

# 界限

設立界限是一種自我照顧的方式，可以幫助你保護自己的情緒健康。每個人都有自己的個人需求和限制，你不需要因為把它們置於人際關係中的優先順位，而感到內疚（或被迫感到內疚）。界限是你在自己和他人之間所建立的東西，為你提供物理空間和情感保護。從物理意義上來說，它就像關上一扇門，這樣你就有一些空間來反思自己。從情感層面上來說，界限是為了幫助你保護自己的感受、信仰和需求，免於你受到不舒服的外部要求的影響。界限可以被視為各方都理解的關係指南和期待，建立出你能接受和容忍的交流方式。

# 說「不」

在保護和照顧你的情感健康領域裡，其中一個重要部分是允許自己對別人說「不」，而不感到內疚。拒絕他人的邀請或將手機調成靜音，並不是自私的行為，這只是在你的需求和其他人的需求之間劃下界限。你的理由可能是你的身體需要休息、你的心態不適合社交，或者你只是不想那麼做。不管是什麼原因，你都應該優先考慮這些感受和需求。想要獨處的時間是可以的，向別人表達你不想做某事也是可以的。

## 你應該要說「不」的原因

♥　你就是不想。

♥　你需要一些屬於自己的時間。

♥　你不想社交。

♥　你想要優先考慮自己。

♥　提出要求的那個人對你的健康有負面影響。

♥　你的直覺告訴你要這樣做。

♥　你累了。

♥　你想要做別的事情。

# 設立與他人的界限

設立與他人的界限很重要，因為這可以幫助你在任何情況下保持在舒適的範圍內。一開始，與他人設立界限可能會讓人覺得自私或沒禮貌，但長遠來看，這通常會促進跟你交流的人之間健康和尊重的關係，讓你們雙方都能感到舒適和安全。設下不同類型的界限是正常的，具體取決於你與這些人的關係，例如家庭成員、醫療專業人員、同事、愛人、朋友、鄰居或室友等。你可以在一次簡短的對話中設下你的個人界限，包括辨識出在這段關係中你感到不舒服的行為或對話，然後簡單說出規則，讓對方能清楚你的底線在哪裡。

# 與不同的人設立界限的範例

## 同事

♥ 不談論個人生活。

♥ 沒有身體接觸（例如擁抱、握手）。

## 家庭

♥ 要求個人空間和隱私。

♥ 不針對敏感問題或信仰做爭論。

## 朋友

♥ 不討論某些已過去的事或不踩對方的地雷。

♥ 了解你只能在特定的時間陪伴他們。

# 自我照顧的艱難選擇

我們不只要與他人設立界限，你也可以與自己設立界限，這是關於有利於你長期幸福的艱難選擇。自我照顧當然不是完全縱容自己，有時只是去做對你來說正確的事，即使你被其他事物誘惑。這在很大程度上是「行為有後果」（actions have consequences）的情況，有時這些後果會對你的幸福產生負面影響，這就是為什麼必須建立紀律和自我界限的來保護這一點。自我照顧的艱難選擇可以成為你自己的規則，讓自己盡快去面對一些反覆出現的壓力，而不是一再拖延。

## 與自己設立界限的範例

💜 每天都有三十分鐘的休息時間。

💜 將使用社交媒體的時間限制在每天兩次、每次半小時。

💜 嚴格遵守每個月的預算。

💜 定期支付帳單。

💜 晚上七點以後不工作。

💜 將工作生活和個人生活分開。

💜 將咖啡攝取量限制為每天三杯。

# 感恩

感恩意味著欣賞你在世界上所擁有、看到或經歷的一切。這是關於排除干擾的雜訊,並在每種情況下看到正向的那一面。人們很容易讓時間流逝,很少關注日常生活中的細微差別。每天練習感恩能讓你有機會更新自己的心態,並幫助你吸收那些正向的感受,從而培養出溫暖的感激之情和對生活的正向態度。你越把精力集中在尋找正向的一面和快樂上,你花在負向那一面的精力就越少。對日常生活抱持感恩的態度,可讓你在認為理所當然的事情中找到新的意義。感恩的生活還可以讓你看見學習和成長的機會,並為他人提供幫助。

# 表達你的感恩

這種快速而簡單的日常感恩練習，可以幫助你瞬間轉換心態。首先，拿一張紙或打開手機的記事本。寫下你在此刻或今天你很感恩的三件事，試著把注意力放在你腦海中新鮮的事情上，像是最近的事件、與人的互動或情況。這也可以延伸到物品、你的環境或任何能給你的生活帶來價值的東西。向窗外尋找靈感，可能會有所幫助。描述你的感激之情，並記下它們所產生的正向情緒，以及它們為你帶來的價值。當你養成習慣去關注生活中的美好事物時，就會更容易找到更多讓你感到幸福的事物！

## 可幫助你開始感恩的簡單想法

🤍 看看你左邊的物品。它為你的生活帶來什麼價值？

🤍 你每天都會用到、沒有它就活不下去的小東西是什麼？

🤍 列出一些你愛你的家的理由。

🤍 最近讓你微笑的一件事是什麼？

🤍 我很感激現在的時刻，因為⋯⋯

# 寫封信給過去的自己

我們很容易忽視自己已經取得的成就，以及曾經勇敢完成的事情。這項練習的目的是要幫助你停下來欣賞你在近幾個月或幾年裡取得的進步。為了做到這一點，要請你回想那些所有看起來困難、可怕或不可能實現的事情，無論這件事情多麼微小。現在，給即將面對這些挑戰的過去的自己寫一封信。這封信不必很長，在十五分鐘內你可以談論你如何克服困難，以及這些挑戰如何造就了今天的你。可以提及你學到的一切，以及你是多麼感謝自己能堅持下去，無論情況多麼艱難。這可幫助你認識到自己的韌性和精神力量，以及當事情不順利時你的適應能力。

## 如何寫信給自己

💜 決定你想要回顧的一項挑戰，或是你過去生命中的一段時間。

💜 回想一下你當時對這種情況的感受。你是如何應對逆境的？當你情緒低落時，你是如何振作起來的？向過去的自己描述這些想法。

💜 告訴自己，當事情結束後你有何感受。它讓你成長了嗎？你有改變什麼嗎？告訴自己，你為自己的堅持感到多麼自豪。

💜 記得提及你一路走來的所有成就。這值得慶祝！

# 找到感恩的視角

日常生活充滿了問題和煩惱,這些問題和煩惱往往會影響你的一天。但並不總是如此。學習重新建構你的思維來反映出更多正向觀點,是一種強大的練習,可幫助你抱持著感恩與欣賞的態度,來應對生活中艱難的日常。在任何情況、挑戰或問題中,如果你用感恩的眼光看待,就可以發現正向的一面。這個練習鼓勵你將負向重新框架為正向,你可以透過從不同的角度看事情來做到這一點。試著跳出自己的立場,以中立姿態深入思考每一種情況。到處都有故事,但你想閱讀哪一個章節取決於你自己。

## 重新框架的例子

| | | |
|---|---|---|
| 凌亂的住所 | ─────→ | 可以稱之為家的地方 |
| 髒亂的碗盤 | ─────→ | 有好吃的食物可以吃 |
| 要做的作業 | ─────→ | 受到更好的教育 |

## 請練習看看

| | | |
|---|---|---|
| 要洗的衣服 | ─────→ | |
| 要繳的稅 | ─────→ | |
| 起床 | ─────→ | |

# 自我對話

自我對話就是你的內心對話，是你腦海中為你提供想法、點子和疑問的聲音。自我對話通常是意識和潛意識想法的混合，這些想法有時可能是正向的，有時也可能是消極的。透過更有意識地覺察到內心的自我批評，有助於將無益的想法重新框架為更平衡和有益的想法。自我對話的方法很重要，擁有正向的自我意識有助於促進心理和情感健康。人類傾向於將精力集中在負面事物上，擔心「如果……會怎樣？」並更關注哪裡出了問題。出現這些想法是健康且正常的，在一些情況下它們很有用，但如果你的腦海中充斥這種想法，就很難擺脫它們並去擁抱正向的態度。

# 創造屬於自己的肯定句

肯定句是一種你可以對自己說的正向陳述，目的是鼓勵更正向的心態或促進自我改變。人們經常透過它們來實現自己的渴望，例如創造（或吸引）幸福、愛情、美好的事物或財富。在練習時，你可以重複將肯定句寫下來或大聲念出來。如果是初學者，請嘗試每天至少這樣做一次，並重複每個肯定句至少五次，這很容易在早上或上班途中的五分鐘內完成。不過，每個人都有自己的偏好，因此請嘗試一下對你來說感覺舒服的方式和時間。

## 如何建立自己的肯定句

**步驟1**：確定你所渴望的事物。

**步驟2**：辨識出你需要做什麼來實現你的願望。

**步驟3**：將這兩個陳述結合成一個簡短且有影響力的肯定句。

### 範例

| 步驟1 | 步驟2 | 步驟3 |
|---|---|---|
| 我想成為<br>更棒的藝術家 | 我需要<br>努力和練習 | 我的努力和決心<br>將使我成為<br>最好的藝術家 |
| 我想要<br>感到平靜和穩定 | 堅持正念<br>冥想練習 | 我的正念<br>冥想習慣<br>將使我感到平靜 |

# 翻轉負面的自我對話

想法會受到很多方面的影響，包括你的心情、過去的經驗、信仰或周遭的人等。自我對話很容易變得負面，你的精神狀態可能會受到影響，導致你感到情緒低落和焦慮。覺察內在的負面想法，是翻轉你的自我對話的第一步。一旦你辨識出這些想法，你就可以開始挑戰它們、理性地思考它們，並在此過程中善待自己。通常，你腦海中浮現的第一個想法是基於潛意識的偏見，未必能反映出真實情況。雖然你應該嘗試建立一種更正向的心態，但也要接受負面想法只是我們身而為人的一部分。然而，並非所有負面想法都是正確的，一旦意識到這一點，你就能開始重新構建更有益與平衡的想法。

## 如何翻轉負面的自我對話

💜 當你開始覺得要被負面情緒壓垮時，把所有這些無益的想法寫下來。把你的擔憂、你的自我懷疑、你的批評，在紙上全部傾訴出來。

💜 在你寫的每句話旁邊，寫一句質疑的話，請用更平衡、更友善的語氣來寫。

💜 例如「我很懶，我永遠不會成功。」試著挑戰這個想法，並告訴自己：「我的休息很重要，也是我現在正需要的。我的穩定進步將幫助我實現目標。」

# 練習自我關懷

自我關懷就是向自己表達仁慈、理解與不批判自己，就像在別人有需要時，你會怎麼對待他們一樣。通常我們傾向對自己格外挑剔，以及用高標準看待自己，但是這會對你的精神狀態造成負面影響。有時這些期望和標準是不切實際的，會導致信心和自我信念受損。如果你像許多人一樣，天生沒有自我關懷的傾向，那麼同情自己和寬恕自己可能會是一項挑戰。自我關懷是一種必須經常且專心練習的課題，這樣你才能開始改變那些讓你備感沉重的期望。

練習自我關懷的一種方法是問自己：「我現在需要聽到什麼話，來展現對自己的仁慈？」

### 關於自我關懷的一些肯定句

🤍 我可以給予自己我需要的同理心。

🤍 我可以學會接受自己本來的樣子。

🤍 我可以原諒自己。

🤍 我可以堅強。

🤍 我可以耐心等待。

# 連結

連結是指你與其他人的互動和關係，無論他們是親人、朋友、同事或陌生人。這是我們身為人類的基本意義之一，對於支持和加強你的情感健康和心理健康都非常重要。連結可以有多種不同的形式，你可以透過與熟悉的人互動來進行社交連結，甚至透過非言語的方式提供支持或善意。線上交流也可以成為與人連結的一種方式，但請注意，科技應該被用來支持與他人的實際交流，而不是取而代之。如果你擁有一群關心你的社交網絡，請不要將其視為理所當然。支持或修復自己的幸福並不是件容易的事，有時你能為自己做的，就是退後一步並尋求他人的幫助。

# 展現一個善意的舉動

你可以建立的一種連結形式是你對他人做出的行為。儘管善意的舉動通常是一種無私的行為，但事實證明，這種行為也會對你的幸福帶來很多好處。支持他人可以培養正向情緒、目標感和促進樂觀。提供幫助或善意不一定是隨機或偶然的事件，而且一天中花費的時間不用五分鐘。經常計畫一些小小的善舉來支持你所愛的人、幫助那些有需要的人，或只是給別人一個微笑，讓他們的一天變得美好，都是很好的方法。對他人抱持同理心也是一種很好的做法，透過每次展現出一點善意，可以激起自己內心的仁慈和善良，同時讓世界變得更美好。

## 展現善舉的點子

♥ 把多餘的零錢存下來,並在月底捐給慈善機構。

♥ 努力向在地的小企業購買商品。

♥ 在朋友的 Instagram 貼文留下支持性的留言。

♥ 稱讚某人的穿搭。

♥ 主動幫助鄰居或朋友完成一項重大任務。

♥ 向服務人員的老闆表達你對他的服務的讚美。

♥ 給你認為值得的人送一份驚喜的禮物。

♥ 讓你周遭的人知道,如果他們需要你,你就會在他們身邊。

# 與你的支持網絡連結

支持網絡是指所有關心你、照顧你的人。支持網絡不必很大,當你在人生的道路上跌到時,只要有一小部分人會握住你的手即可。這些連結是很寶貴的,它們讓你感受到被保護和歸屬感,但這不應該被認為是理所當然的。維持這些關係很重要,要做到這一點需要你付出一些努力,但不會花很多時間。保持連結的方法有很多,你應該盡可能地練習。有時,只需要簡短聊聊或是讓某人知道你很關心他就好。

## 與支持網絡連結的方法

♥ 告訴他們為什麼你一直在想他們。

♥ 問候對方最近過得如何。

♥ 如果時間可以,計畫一次面對面的聚會。

♥ 主動和他們視訊通話。

♥ 在網路上發布你們的合照。

♥ 傳訊息問問他們今天過得如何。

# 認識新朋友

隨著時間的推移，我們的朋友圈也會發生變化。有些人可能很快地在你的生活中來了又走，而有些曾很親近的朋友可能會漸行漸遠。人會變，環境也會變，所以跟你來往的人會隨著時間的推移而變化，這是人生的常態。在這其中，有一部分的人是來自於你新建立的連結。他們不僅支持你擁有健康的社交網絡，而且還能打開你的心，讓你從新鮮的對話中接觸到新想法和不同的觀點。然而，結交新朋友可能很困難，尤其當你總是去同樣的地方、見到同樣的人，覺得被困在自己的生活圈裡時。如果這聽起來很熟悉，你可能會想嘗試一些不同的建議來建立新的關係。

## 結識新朋友的方法

♥ 加入與你的興趣有關的社團。

♥ 加入健走團體。

♥ 參與你有熱忱的志願服務。

♥ 加入線上社群。

♥ 在寵物公園來場隨機對話。

♥ 參加親子活動。

♥ 邀請幾位同事出去吃午飯。

♥ 參加你感興趣的課程。

# 精神自我照顧
## 檢核表

| 自我照顧 | 活動 | 你是否嘗試過？ | 你做得如何？（0-10分） |
|---|---|---|---|
| 界限 | 說「不」 | | |
| | 設立與他人的界限 | | |
| | 自我照顧的艱難選擇 | | |
| 感恩 | 表達你的感恩 | | |
| | 寫封信給過去的自己 | | |
| | 找到感恩的視角 | | |

| 自我照顧 | 活動 | 你是否<br>嘗試過？ | 你做得如何？<br>（0-10分） |
|---|---|---|---|
| 自我對話 | 創造屬於<br>自己的肯定句 | | |
| | 翻轉負面自我對話 | | |
| | 練習自我關懷 | | |
| 連結 | 展現一個善意的舉動 | | |
| | 與支持網絡連結 | | |
| | 認識新朋友 | | |

# 養成自我
# 照顧的習慣

自我照顧的習慣可以很小，也可以很複雜，但他們加起來會對你的生活產生正向的影響。為了從自我照顧中獲得最大的益處，有意識地經常練習是很重要的。這通常意味著你透過習慣的養成，將一些有價值的自我照顧活動融入到你的生活風格中。一旦你在日常生活中養成了一種習慣，執行它就成為不費吹灰之力的事。

不過，還有一個問題，該怎麼養成自我照顧的習慣呢？

首先，請確定你真正想要改變的是什麼，然後研究如何將這些習慣與你現有的日常生活連結起來。如果一開始覺得很難，可以試著把事情拆解成幾個更容易管理的小任務。一旦你成功將一個新習慣融入到你的日常生活中，你就可以建立（例如正念練習可多增加五分鐘）或添加其他新習慣。

## 把這些放入練習中！

🤍 哪一個自我照顧的練習讓你覺得最有幫助？

🤍 哪一個自我照顧的練習讓你覺得最享受？

🤍 在每一個類別中，挑選一些你想要養成習慣的
自我照顧活動。

## 舉例

🤍 **心理：**待辦事項清單、正念冥想

🤍 **身體：**攝取水分、運動心態

🤍 **精神：**表達你的感恩、與支持網絡連結

要養成這些新的自我照顧習慣，可以嘗試使用此系
統，將它們融入你目前的日常活動中：

## 只要我在進行日常活動，

## 我就會練習新的自我照顧習慣。

# 日常中自我照顧的範例

## 早上的自我照顧

♥ 當我刷牙時，我會說出三件令我感恩的事情。

♥ 當我坐下來喝咖啡時，我會寫下每日待辦事項清單。

## 工作日的自我照顧

♥ 當我到達上班的地方時，我會走樓梯而不是搭電梯。

♥ 當我坐在辦公桌前時，我會喝一杯水。

## 晚上的自我照顧

♥ 當我下班回家時，我會給最好的朋友發一則訊息。

♥ 當我坐在床上時，我會冥想五分鐘。

## 艱難日子的自我照顧

♥ 當我開始感到壓力很大時，我會安排自我恢復
時間。

♥ 當我情緒低落時，我會聯繫我信任的人。

## 週末的自我照顧

♥ 當我有一些空閒的時間時，我會規劃一趟公路
旅行。

♥ 當我完成週末待辦事項時，我會去探望親友。

**如果你從這本書中學到了什麼，就讓它成為你
的日常吧！** 正是這些小事能帶來改變，像是你每天
做出的看似不重要的選擇，以及那些為你的整體健
康和幸福而建立的小習慣。無論你的自我照顧之旅
有多麼辛苦，你都要為你照顧自己而付出的所有努
力和用心感到自豪。這就是愛自己的樣子。

國家圖書館出版品預行編目 (CIP) 資料

讓這本書抱抱你：每一天練習自我照顧，學會愛自己 /My Self-Love Supply 著；聽思
（林庭儀）譯 . -- 初版 . -- 臺北市：遠流出版事業股份有限公司 , 2023.12
　　面；　　公分
譯自：A hug in a book : everyday self-care and comforting rituals.
ISBN 978-626-361-354-6( 精裝 )

1.CST: 自我實現 2.CST: 生活指導

177.2　　　　　　　　　　　　　　　　　　　　　　　　　　　112017201

# 讓這本書抱抱你：
# 每一天練習自我照顧，學會愛自己

作者／ My Self-Love Supply
譯者／聽思（林庭儀）
主編／周明怡
封面設計／卷里工作室

發行人／王榮文
出版發行／遠流出版事業股份有限公司
104005 台北市中山北路一段 11 號 13 樓
郵撥／ 0189456-1
電話／ (02)2571-0297　傳真／ (02)2571-0197
著作權顧問／蕭雄淋律師

2023 年 12 月 1 日　初版一刷
2024 年 5 月 16 日　初版二刷
售價新臺幣 380 元（缺頁或破損的書，請寄回更換）

Text © Sofia Pellaschiar, 2022
Illustrations © Color me Happii by Kaitlyn
Interior designed by Georgie Hewitt
First published as A HUG IN A BOOK in 2022 by Pop Press, an imprint of Ebury Publishing.
Ebury Publishing is part of the Penguin Random House group of companies
The author has asserted her moral rights

This edition arranged with Ebury Publishing
through BIG APPLE AGENCY, INC., LABUAN, MALAYSIA.
Traditional Chinese edition copyright:
2023 YUAN-LIOU PUBLISHING CO., LTD.